W0216706

DAS KLEINE LAMM

Für unsere besonderen Freunde –
Kelly, Kasey und Kara Wilson

Die Deutsche Bibliothek – CIP-Einheitsaufnahme

Das kleine Lamm / Max Lucado ... Ill. von Liz Bonham.
[Aus dem Amerikan. von Wolfgang Neumeister und Ulrike Stute]. –
Wuppertal ; Wittenberg : One-Way-Verl., 1994
(Reihe: One Way Kids ; 8006)
ISBN 3-927772-62-3
NE:GT

Titel der Originalausgabe: **The Crippled Lamb**
© 1994 by Max Lucado for text.
© 1994 by Liz Bonham for illustrations.

Managing Editor: Laura Minchew
Project Editor: Brenda C. Ward
Published by Nelson/Word, Dallas, Texas
All rights reserved.

© 1994 der deutschsprachigen Ausgabe:
One Way Verlag GmbH, Wuppertal

Aus dem Amerikanischen
von Wolfgang Neumeister und Ulrike Stute
Reihe: One Way Kids 8006

Printed in the United States of America

ISBN 3-927772-62-3

DAS KLEINE LAMM

MAX LUCADO

mit Jenna, Andrea, & Sara Lucado

ILLUSTRATIONEN VON
LIZ BONHAM

ONE WAY VERLAG
WUPPERTAL UND WITTENBERG

In einem sonnigen Tal lebte einmal ein kleines Lamm namens Josua. Es war weiß mit schwarzen Flecken, schwarzen Füßen und . . . es hatte traurige Augen.

Josch war traurig, wenn er die anderen Lämmer mit schneeweißem Fell ohne Flecken sah. Er war traurig, wenn er die anderen Schafe mit ihrem Papa und ihrer Mama sah, denn er hatte keinen Papa und keine Mama.

Doch am traurigsten war er, wenn er sah, wie die anderen Lämmer umhertollten und umhersprangen, denn das konnte er nicht.

Josch besaß von Geburt an ein Bein, mit dem er nicht richtig laufen konnte. Deshalb hinkte Josch beim Laufen.

Wenn die anderen Lämmer umherrannten und spielten, saß er immer nur an seinem Platz und schaute zu. Josch war traurig und fühlte sich einsam – außer wenn Abigail in der Nähe war.

Abigail war Josuas beste Freundin. Allerdings sah sie nicht wie die Freundin eines Lammes aus. Sie war nämlich eine Kuh.

Sie hatte braunes Fell mit weißen Flecken, die aussahen wie Regenpfützen auf einem Weg. Ihr Bauch war rund wie ein Faß, und ihre Stimme hörte sich immer lieb und freundlich an.

Mit Abigail verbrachte Josch einige seiner schönsten Stunden.

Sie stellten sich immer vor, sie würden Abenteuer in fremden Ländern erleben. Josch gefiel es, mit Abigail zusammenzusitzen und ihr zuzuhören, wenn sie Geschichten über die Sterne erzählte.

Sie verbrachten Stunden damit, oben auf dem Hügel zu sitzen und ins Tal zu schauen. Sie waren wirklich gute Freunde. Doch selbst mit einer Freundin wie Abigail wurde Josch immer wieder traurig.

Es machte ihn traurig, das einzige Lamm zu sein, das nicht rennen und springen und im Gras herumtollen konnte.

Das waren die Augenblicke, wenn Abigail zu ihm sagte: „Sei nicht traurig, kleiner Josua. Wer sich ausgeschlossen und zurückgestoßen fühlt, den hat Gott ganz besonders lieb. Gott hat einen besonderen Platz für ihn.“

Josch wollte ihr gern glauben. Aber es war schwer. An manchen Tagen fühlte er sich einfach allein. Besonders allein fühlte er sich an dem Tag, als die Hirten beschlossen, die Lämmer in das nächste Tal mitzunehmen, zu neuem, frischem Gras. Die Schafe waren schon so lange im Tal geblieben, daß das Gras beinah bis zum Boden abgefressen war.

Die Schafe wurden alle ganz aufgeregt, als die Hirten ihnen mitteilten, daß sie zu einer neuen Wiese ziehen würden.

Als sie sich zum Aufbruch fertig machten, humpelte Josch herbei und nahm seinen Platz am Rand der Gruppe ein. Er war froh, bei den anderen Lämmern zu sein.

Doch dann lachten sie ihn aus.

„Du bist viel zu langsam, um das Tal zu durchqueren."

„Geh zurück, du lahme Ente. Wenn wir auf dich warten müssen, kommen wir nie an!"

„Geh zurück, Josua."

In diesem Augenblick schaute Josua nach oben und erblickte den Schafhirten, der vor ihm stand.

„Sie haben recht, mein kleiner Josua, du kehrst besser um. Dieser Marsch ist zu lang für dich.
Bleib diese Nacht im Stall.“

Josch schaute den Hirten lange an. Dann drehte er sich langsam um und humpelte davon.

Als Josch zur Spitze des Hügels kam, schaute er hinunter und sah die anderen Schafe, die zum frischen grünen Gras liefen. Noch nie hatte er sich so allein und einsam gefühlt. Dicke Tränen rollten ihm aus den Augen, die Nase hinunter und fielen auf einen Stein.

Da hörte er Abigails Stimme hinter sich. Und Abigail sagte, was sie immer sagte, wenn Josch traurig war: „Sei nicht traurig, kleiner Freund. Wer sich ausgeschlossen und zurückgestoßen fühlt, den hat Gott ganz besonders lieb. Gott hat einen besonderen Platz für ihn.“

Und dann drehten sich die beiden um und gingen gemeinsam zum Stall.

Die Sonne stand wie ein großer orangefarbiger Ball tief am Himmel, als sie schließlich den kleinen Stall erreichten. Josch und Abigail gingen hinein und fraßen etwas Heu aus der Futterkrippe.

Sie waren sehr hungrig, und das Heu schmeckte gut.

Für einen kurzen Augenblick vergaß Josua, daß er zurückgelassen worden war.

„Leg dich schlafen, kleiner Freund“, sagte Abigail, nachdem sie gefressen hatten. „Du hattest einen schweren Tag.“

Josch war müde. Also legte er sich in einer Ecke des Stalls auf etwas Stroh und schloß die Augen. Er merkte, daß Abigail sich neben ihn legte, und war froh, sie als Freundin zu haben.

Schon bald war Josch eingeschlafen. Während er schlief, träumte er. Er träumte, daß er mit den anderen Schafen umhertollte und umhersprang. Er träumte von langen Wanderungen durch das Tal mit Abigail. Er träumte, an einem Ort zu sein, an dem er nicht ausgeschlossen und nicht zurückgestoßen wurde.

Plötzlich weckten ihn seltsame Geräusche im Stall.

„Abigail“, flüsterte er. „Wach auf. Ich habe Angst.“

Abigail hob ihren großen Kopf und schaute sich um.

Der Stall war dunkel, bis auf eine kleine Lampe, die an der Wand hing. „Es ist jemand hier“, flüsterte Josch.

Sie schauten durch den schwach erleuchteten Stall. Dort in der Futterkrippe, auf etwas frischem Heu, lag ein Baby. Auf einem großen Heuhaufen neben der Krippe lag eine junge Frau und ruhte sich aus.

Josua schaute Abigail an, weil er dachte, seine Freundin könnte ihm erklären, was da los war. Doch Abigail war genauso erstaunt wie Josch.

Josch schaute wieder zu der Frau und dem Kind und humpelte durch den Stall. Neben der Mutter blieb er stehen und sah dem Baby ins Gesicht. Es weinte, weil es fror. Die Frau nahm das Baby und legte es neben sich ins Heu.

Josch blickte sich im Stall nach etwas um, womit man das Baby wärmen könnte. Gewöhnlich befanden sich dort Decken. Aber nicht in dieser Nacht. Die Hirten hatten sie alle auf die Wanderung durchs Tal mitgenommen.

Dann fiel Josch seine eigene warme Wolle ein. Er ging hinüber und kuschelte sich dicht an das Baby.

„Danke, kleines Lamm“, sagte die Mutter des Babys sanft.

Und schon hörte das Kind auf zu weinen und schlief wieder ein.

In diesem Augenblick kam ein Mann in den Stall, der einen alten Mantel in den Händen hielt. „Es tut mir leid Maria“, erklärte er. „Das ist alles, was ich zum Zudecken finden konnte.“

„Es ist schon gut“, erwiderte sie. „Dieses kleine Lamm hat den neuen König mit seinem Fell gewärmt.“

Ein König? Josua schaute auf das Baby und fragte sich: „Was ist das wohl für ein König?“

„Sein Name ist Jesus.“ Maria sagte das so, als wüßte sie, welche Frage Josua sich stellte. „Es ist Gottes Sohn.“

Einige Minuten später ertönten an der Tür weitere Geräusche. Es waren die Hirten, die Josua zurückgelassen hatten. Sie machten große Augen und waren ganz aufgeregt.

„Wir haben ein helles Licht gesehen und die Engel gehört ...“ begannen sie zu erzählen.

Dann erblickten sie Josua bei dem Baby. „Josua! Weißt du, wer das Baby ist?“

„Jetzt weiß er es bestimmt.“ Es war die junge Mutter, die das sagte. Sie schaute Josua an und lächelte. „Gott hat deine Gebete gehört, kleines Lamm. Das Baby ist die Antwort.“

Josua blickte hinunter auf das schlafende Baby. Irgendwie wußte er, es war ein besonderes Kind, und es war ein besonderer Augenblick.

Wäre er wie die anderen Schafe, würde er jetzt bei den anderen im Tal sein. Doch weil er anders war, befand er sich jetzt hier im Stall und gehörte zu den ersten, die Jesus in dieser Welt begrüßen durften.

Er drehte sich um, ging zurück zu Abigail
und nahm wieder seinen Platz neben seiner Freundin ein.
„Du hattest recht“, sagte er.
„Gott hat wirklich einen besonderen Platz für mich.“